FÉDÉRATION NATIONALE
DES
TRAVAILLEURS DU SOUS-SOL ET SIMILAIRES
MINEURS, MINIERS ET ARDOISIERS

211, Rue Lafayette, 211 — PARIS (X⁰)

Téléphone : Nord 93-26 et 93-27

COMPTE CHÈQUE POSTAL : 334-43

NOTICE

RÉSUMANT LES AVANTAGES PRÉVUS PAR LA LÉGISLATION
DE RETRAITES
DES OUVRIERS MINEURS ET ARDOISIERS

Renseignements divers,
sur l'établissement et la
présentation des dossiers,
réclamations, etc..

FÉVRIER 1930

NOTICE

RÉSUMANT LES AVANTAGES PRÉVUS PAR LA LÉGISLATION
DE RETRAITES DES OUVRIERS MINEURS ET ARDOISIERS

Les ouvriers mineurs et ardoisiers subiront à partir du 1ᵉʳ janvier 1930 sur leurs salaires une retenue correspondant à 5,50 % des dits salaires, leurs patrons verseront de leur côté une cotisation du même taux; l'Etat français versera à la Caisse autonome une cotisation égale à 4,50 % des salaires des ouvriers mineurs et ardoisiers de l'ensemble du territoire moyennant quoi les avantages suivants sont assurés aux ouvriers cotisants, à leurs veuves, orphelins et héritiers.

Avantages réservés aux Ouvriers

Pensions de Vieillesse

Tout ouvrier cotisant à la Caisse autonome a droit à une pension à l'AGE DE 55 ANS. Le montant de cette pension varie suivant le nombre d'années de services qu'il a accomplies :

1° S'il a effectué moins de quinze ans de services, il a droit à la rente correspondant aux versements portés à son compte d'assurance.

Ces versements représenteront à partir du 1ᵉʳ janvier 1930 2,50 ou 4 % de son salaire; selon qu'il a moins ou plus de trente ans.

SA COTISATION N'EST DONC JAMAIS ENTIÈREMENT PERDUE, elle sert en partie à lui constituer une rente qu'il sera en droit de toucher à l'âge de 55 ans, quelle que soit la durée de ses ser-

vices dans les mines ou ardoisières et aussi courte que soit cette durée.

2° S'il a effectué de quinze à vingt-neuf années de services, la rente dont il est question plus haut, augmentée de la rente de la Caisse nationale des retraites pour la vieillesse dont l'intéressé peut être titulaire, et éventuellement de la pension qui lui est acquise en application du titre IV de la loi du 29 juin 1894 (pension patronale ou de caisse de liquidation), est majorée d'une somme suffisante pour que rentes et pensions ci-dessus visées et majoration atteignent ensemble les taux de pension indiqués ci-après :

RETRAITES PROPORTIONNELLES

ANNÉES DE SERVICE	MONTANT DE LA PENSION
15	1.500
16	1.632
17	1.768
18	1.908
19	2.052
20	2.200
21	2.396
22	2.596
23	2.808
24	3.024
25	3.252
26	3.536
27	3.836
28	4.144
29	4.470

NOTA. — A ces pensions s'ajoute une allocation viagère de 300 fr., accordée par l'Etat à tout ouvrier réunissant les conditions suivantes :

a) Présent à la mine à l'âge de 55 ans ;

b) Ayant été salarié du 3 juillet 1908 au 3 juillet 1911 ;

c) Ayant versé en moyenne 15 francs au minimum chaque année depuis le 3 juillet 1911, jusqu'au jour où il atteint l'âge de 55 ans, soit au titre des lois du 29 juin 1894 et 25 février 1914, soit au titre de la loi du 5 avril 1910 (retraites ouvrières et paysannes).

A cette allocation de 300 francs, s'ajoute encore une bonification de 1/10ᵉ soit 30 fr. accordée à tout ouvrier ayant élevé trois enfants jusqu'à 16 ans.

3° S'il a effectué trente ans de services, la retraite atteint le taux de 5.000 francs (rentes, pension et majoration sont comprises dans ce chiffre). Cette somme s'augmente de 60 francs par année de services accomplie en sus de la trentième année et avant l'âge de 55 ans :

RETRAITES NORMALES

ANNÉES DE SERVICE	MONTANT DE LA PENSION
30	5.000
31	5.060
32	5.120
33	5.180
34	5.240
35	5.300
36	5.360
37	5.420
38	5.480
39	5.540
40	5.600
41	5.660
42	5.720
43	5.780
44	5.840
45	5.900
46	5.960

Remarque très importante. — Le nombre d'années de services qui sert de base à la liquidation des pensions est celui qui est obtenu en totalisant les périodes d'embauchages, celles-ci étant exprimées en ans, mois et jours, comptés de la date d'embauchage à la date de sortie.

Exemple : Un ouvrier a travaillé à la mine du 1ᵉʳ février 1890 au 15 mai 1902 et du 12 juin 1914 au 20 décembre 1922 ; les deux périodes d'embauchages représentent respectivement 12 ans 3 mois 15 jours et 8 ans 6 mois 8 jours de travail ; totalisées, elles donnent : 20 ans 9 mois 23 jours ; les fractions d'années étant négligées, c'est sur la base de vingt ans que sera liquidée la pension de cet ouvrier.

Une réserve est toutefois à faire ; la loi exige, en effet, que, durant ses périodes d'embauchages, l'ouvrier ait effectué une moyenne annuelle de journées de travail qui ne soit pas inférieure à 264 jours.

Ainsi, dans l'exemple qui précède, pour avoir droit à une pension basée sur vingt ans de services, il faut avoir effectué au moins $20 \times 264 = 5.280$ jours de travail.

De deux choses l'une :

Ou bien le nombre de jours de travail exigé par la loi (5.280 dans l'exemple précité) est dépassé ; dans ce cas, c'est la durée des services représentés par la totalisation des périodes d'embauchages qui servira de base à la liquidation, soit donc vingt ans.

Ou bien le nombre de jours de travail exigé par la loi n'est pas atteint ; supposons-le de 5.000 seulement ; dans ce cas, la loi indique que pour obtenir le nombre d'années devant servir de base à la liquidation, on divise ce nombre de jours par la moyenne légale de 264 jours ; dans l'exemple choisi, la base de liquidation sera donc de :

$$\frac{5.000}{264} = 18 \text{ ans.}$$

Remarque générale. — Les taux de pensions sus-indiqués à partir de quinze ans de services ne sont jamais atteints lorsque l'ouvrier a effectué des versements à capital réservé.

Sa pension totale se trouve, en effet, diminuée, mais la quotité de cette diminution est personnelle à chaque ouvrier puisqu'elle dépend de l'âge auquel ont été faits les versements à capital réservé, du montant des dits versements, etc...

Pension d'Invalidité

Le législateur a également prévu des prestations en faveur des ouvriers devenus incapables de travailler avant l'âge de la retraite.

Ces prestations consistent :

1° Pendant les cinq premières années en une allocation mensuelle de 300 fr. (3.600 fr. par an), payée par l'intermédiaire des caisses de secours auxquelles les bénéficiaires étaient affiliés en dernier lieu, 70 fr. restant définitivement à la charge des dites caisses, le complément, soit 230 fr., étant couvert par la Caisse autonome.

2° A l'expiration de ces cinq années, en une pension définitive de même montant payée en totalité par la Caisse autonome.

Pour bénéficier de l'une et l'autre, il faut remplir les conditions suivantes :

1° Etre atteint d'une incapacité de travail égale aux deux tiers, soit 66 %.

2° Avoir été occupé pendant 10 ans au moins dans une exploitation minière ou ardoisière.

3° Avoir effectué 500 jours au minimum de travail durant les deux années qui ont précédé la maladie, cause de l'invalidité.

4° Avoir enfin reçu les soins d'une société de secours pendant six mois et être reconnu invalide à 66 % à l'expiration de ce délai.

Sont exclus du bénéfice des prestations d'invalidité les ouvriers bénéficiaires d'une rente pour accident du travail ou d'une pension militaire, si la maladie ou l'accident qu'ils invoquent pour justifier leur demande est déjà couverte par la pension militaire ou l'accident du travail.

Ces prestations sont susceptibles de suppression si les bénéficiaires recouvrent une capacité de travail de plus d'un tiers.

Elles sont susceptibles de revision dans les cas suivants :

Lorsque l'ouvrier atteint l'âge de 55 ans pendant la période de cinq années durant laquelle il bénéficie de l'allocation mensuelle, cette allocation cesse de lui être servie et sa situation est liquidée au regard de la retraite vieillesse sur la base de ses années de services dans les mines.

S'il atteint au contraire le même âge au moment où il bénéficie déjà d'une pension d'invalidité, celle-ci n'est susceptible d'être revisée que si ses années de services miniers lui assurent une retraite de vieillesse supérieure à 3.600 fr. ; dans ce cas, c'est cette retraite qu'il touchera.

Avantages réservés
aux Veuves et Orphelins en cas de Décès
du Mari ou du Père

Allocation au Décès

Ont droit à une allocation non renouvelable de 150 fr. :

a) Les veuves d'ouvriers ou employés décédés en cours d'acquisition de pension au compte individuel desquels a été inscrite une moyenne annuelle de 160 journées de travail ou de repos pour blessures ou maladie ;

b) Les veuves âgées de plus de 55 ans d'ouvriers ou employés bénéficiaires d'une pension de vieillesse ou d'invalidité dont les maris ont effectué 30 ans de travail à la mine ;

c) Les veuves âgées de plus de 55 ans des ouvriers bénéficiaires d'une allocation mensuelle d'invalidité.

Ont droit à une allocation de 600 fr. les veuves âgées de moins de 55 ans :

a) D'ouvriers ou employés décédés en cours d'acquisition de pension au compte individuel desquels ont été inscrites, pendant les trois années ayant précédé le début de la maladie ou l'accident qui ont entraîné la mort de leur mari, 792 journées de travail ou de repos pour blessures ou maladie ;

b) D'ouvriers ou employés bénéficiaires d'une allocation mensuelle d'invalidité ;

c) D'ouvriers ou employés qui ont effectué 30 ans de travail à la mine et sont bénéficiaires d'une pension de vieillesse ou d'invalidité.

Si le décès du mari est antérieur de moins de 45 jours à la date anniversaire de leur 55ᵉ année, le relèvement n'est attribué que proportionnellement au nombre de jours à courir jusqu'à la date d'entrée en jouissance de la pension de reversibilité de la veuve.

Les veuves d'ouvriers retraités pour vieillesse et invalidité qui avaient effectué moins de 30 ans de mines ont droit à une allocation de :

75 fr. si le mari a effectué de 15 à 20 ans de mine.
100 fr.   —   —   21 à 25 —   —
125 fr.   —   —   26 à 29 —   —

Orphelins de moins de 16 ans

Les orphelins de moins de 16 ans des ouvriers en cours d'acquisition de pension, au compte individuel desquels a été inscrite une moyenne annuelle de 160 journées de travail ou de repos pour blessures ou maladie, ont droit à une allocation de :

200 fr. s'il n'existe qu'un orphelin ;
250 fr. s'il en existe deux ;
300 fr. s'il en existe trois et plus.

La même allocation est attribuée aux orphelins des ouvriers retraités de vieillesse ou d'invalidité pour 15 ans au moins de services miniers.

Cette allocation est portée à 700 fr. :

a) Pour les orphelins d'ouvriers au compte individuel desquels sont inscrites pour les trois années qui ont précédé le début de la maladie ou de l'accident qui ont entraîné la mort du père, 792 journées de travail ou de repos pour blessures ou maladie ;

b) Pour les orphelins des ouvriers bénéficiaires d'une allocation mensuelle d'invalidité ;

c) Pour les orphelins des ouvriers ayant effectué 30 ans de services, bénéficiaires d'une pension de vieillesse ou d'invalidité.

L'allocation est augmentée de 100 fr. par enfant de moins de 16 ans à partir du deuxième et sans limitation du nombre.

Nota. — *Lorsqu'il existe des orphelins, âgés de moins de 16 ans, l'allocation est accordée à ces derniers à l'exclusion de la veuve.*

Les veuves, sans enfants âgés de moins de 16 ans, de toutes les catégories visées ci-dessus, ne peuvent avoir droit à l'allocation au décès que si leur mariage était antérieur de trois ans au moins à la cessation des versements de leur mari au fonds d'assurance de la Caisse autonome, sauf dans le cas d'un décès ayant eu pour cause un accident du travail.

Les orphelins de femmes occupées de leur vivant à la mine, et ayant un compte personnel d'assurance à la Caisse autonome, ont des droits égaux à ceux des enfants qui deviennent orphelins d'un père ouvrier mineur.

Allocations d'Orphelins

D'autre part, chaque orphelin a droit en sus à une allocation ANNUELLE *de 360 fr. s'il est âgé de moins de 12 ans; cette allocation est servie jusqu'à ce que l'orphelin atteigne l'âge de 12 ans indiqué ci-dessus; elle est même continuée jusqu'à l'âge de quatorze ans s'il continue à fréquenter l'école jusqu'à cet âge; enfin elle est doublée, portée donc à 720 fr. par orphelin, si la mère vient à décéder. Elle est payée entre les mains de son tuteur.*

La condition exigée pour bénéficier de cette allocation est la suivante : le père des orphelins doit avoir travaillé dans les mines ou ardoisières depuis trois ans au moins avant son décès, ces trois années comportant un minimum de 792 jours de travail ou de repos pour maladie ou blessure, les journées de maladie devant avoir donné lieu au paiement de l'indemnité journalière par la Société de secours.

Sont exclus du bénéfice des allocations d'orphelins, les orphelins bénéficiaires d'une pension militaire ou d'une rente d'accident de travail égale ou supérieure au taux de ces allocations.

NOTA. — *La mère travaillant à la mine laisse, en cas de décès, les mêmes droits que ci-dessus à ses enfants, si, bien entendu, les conditions sus-énoncées sont remplies.*

Pension des Veuves

Au décès de son mari, si la veuve n'a pas encore atteint l'âge de 55 ans, elle n'a droit qu'à l'allocation au décès dont il est parlé plus haut. Lorsqu'elle atteindra L'AGE DE 55 ANS *et, tout de suite si elle a déjà atteint cet âge, elle a droit à une pension égale à la moitié de celle qu'aurait pu avoir son mari s'il était décédé pensionné pour quinze ans au moins de services, ou encore à la moitié de celle qu'il touchait s'il était déjà pensionné pour le minimum de temps de services indiqué ci-dessus, soit :*

RETRAITES PROPORTIONNELLES (Veuves)

ANNÉES DE SERVICE	MONTANT DE LA PENSION
15	750
16	816
17	884
18	954
19	1.026
20	1.100
21	1.198
22	1.298
23	1.404
24	1.512
25	1.626
26	1.768
27	1.918
28	2.072
29	2.235

RETRAITES NORMALES (Veuves)

ANNÉES DE SERVICE	MONTANT DE LA PENSION
30	2.500
31	2.530
32	2.560
33	2.590
34	2.620
35	2.650
36	2.680
37	2.710
38	2.740
39	2.770
40	2.800
41	2.830
42	2.860
43	2.890
44	2.920
45	2.950
46	2.980

On peut donc remarquer que la VEUVE D'UN OUVRIER DÉCÉDÉ PENSIONNÉ QUI NE COMPTAIT PAS QUINZE ANS DE SERVICES, qui ne bénéficiait donc que d'une rente de la Caisse autonome et éventuellement d'une rente de la Caisse nationale des retraites pour la vieillesse, N'A PAS DROIT A UNE REVERSIBILITÉ DE PENSION DE LA CAISSE AUTONOME; elle ne peut prétendre éventuellement qu'à la rente correspondante aux versements opérés à son nom personnel à la Caisse nationale des retraites pour la vieillesse; d'ailleurs elle a droit à cette dernière lorsqu'elle atteint l'âge de 55 ans, que son mari soit décédé ou non.

PREMIER EXEMPLE : Le mari décède pensionné sur trente années de services miniers, il touchait donc 5.000 fr, sa veuve aura droit à une pension de 2.500 fr.; s'il décède pensionné pour trente-cinq années de services de mines, il touchait 5.300 fr.; sa veuve en touchera 2.650, donc, dans les deux cas, exactement moitié de la pension du mari.

DEUXIÈME EXEMPLE : Le mari décède à l'âge de 40 ans, comptant déjà à ce moment vingt ans de services; quand elle atteindra 55 ans, sa veuve aura droit à la moitié de la pension qui aurait été servie au mari pour vingt ans de services, s'il était lui-même parvenu à l'âge de la retraite, soit donc la moitié de 2.200 fr. (voir barème plus haut), c'est-à-dire 1.100 fr.

AUTREMENT DIT, QUEL QUE SOIT L'AGE DU MARI AU MOMENT OU IL DÉCÈDE, SA VEUVE EST ASSURÉE DE TOUCHER UNE PENSION SI ELLE ATTEINT L'AGE DE 55 ANS ET SI SON MARI AVAIT ACCOMPLI AU MOINS QUINZE ANNÉES DE SERVICES DANS LES MINES OU ARDOISIÈRES.

Pour avoir droit à cette pension, les conditions exigées sont les suivantes : tout d'abord le mariage doit être de trois ans au moins antérieur à la date à laquelle le mari a cessé de verser au fonds d'assurance de la Caisse autonome; toutefois, aucune condition de durée de mariage n'est exigée s'il existe un enfant né des conjoints au moment de la cessation du travail du mari, et lorsque la cessation du travail est la conséquence d'un accident du travail, il suffit que le mariage soit antérieur à l'accident; d'autre part, ce mariage ne doit pas avoir été dissous par un divorce prononcé aux torts exclusifs de la femme; la séparation de corps intervenue dans les mêmes conditions prive également la veuve de sa pension.

RETRAITES DES VEUVES REMARIEES

Le remariage fait perdre à la veuve ses droits à pension; toutefois, celle qui se remarie étant déjà pensionnée perçoit, une fois pour toutes, un capital égal à trois annuités de la pension qu'elle touchait.

Lorsque ce remariage est dissous, soit par la mort du nouveau conjoint, soit par un divorce non prononcé aux torts exclusifs de l'intéressée, ou bien encore lorsqu'une séparation de corps intervient dans les mêmes conditions, la situation de la veuve est réglée comme suit depuis le 1er mars 1928, en exécution des dispositions de la loi du 29 février 1928 :

1° Veuve déjà pensionnée au moment de son remariage : elle recouvre tous ses droits à sa pension primitive, mais si le décès du conjoint survient avant que trois années se soient écoulées depuis la date de la suppression de la pension, ce n'est qu'à l'expiration de ce délai qu'elle recommencera à la percevoir.

2° Veuve non pensionnée au moment de son remariage : elle peut prétendre, à partir de 55 ans, à une retraite basée sur la durée des services miniers de ses maris successifs, mais limitée aux services accomplis pendant le temps durant lequel elle a été unie à chacun d'eux.

Avantages communs
aux Veuves, Orphelins et Héritiers des
Ouvriers Mineurs et Ardoisiers

Remboursements de Capitaux Réservés

Il convient d'ajouter que veuves et orphelins peuvent bénéficier d'un autre avantage : chaque ouvrier a, en effet, la faculté d'effectuer ses versements personnels à son compte d'assurance sous clause de réserve. Cela signifie que 1,25 % ou 2 % des retenues qu'il subit sur ses salaires, selon son âge, et qui sont portées au dit compte, sont remboursables à ses héritiers, au jour de son décès, le plus souvent donc, à sa femme et à ses enfants.

Ce remboursement ne comporte aucune condition spéciale.

Il est donc dû :

1° Que l'ouvrier décède pensionné ou non pensionné ;

2° Quel que soit le temps de services qu'il a accompli.

En résumé, une partie de la cotisation personnelle d'un ouvrier revient à coup sûr à ses héritiers ; il suffit qu'il en fasse la demande AU MOMENT OU IL VERSE. *Mais, dans ce cas, sa pension à 55 ans est moins élevée que si ses versements étaient faits à capital aliéné.*

Les pièces à fournir pour les demandes de remboursement de capitaux sont les suivantes :

1° Le certificat d'inscription du défunt à la Caisse autonome et son livret de la Caisse nationale des retraites pour la vieillesse ;

2° Son bulletin de décès ;

3° Un certificat de propriété délivré par le notaire détenteur de la minute, s'il y a eu testament ou tout autre acte translatif de propriété ; s'il n'y a pas testament ou acte de ce genre, le certificat de propriété est établi par le juge de paix sur l'attestation de deux témoins.

Toutefois, si la somme à rembourser ne dépasse pas 500 fr., le certificat peut être délivré par le Maire.

Prorata au Décès

Enfin un dernier avantage est réservé aux veuves et héritiers d'un pensionné décédé après le 1er janvier 1926, qui ont droit, lorsque ce pensionné décède en cours de trimestre, au prorata d'arrérages courus jusqu'au jour du décès.

Ce prorata est payé sur production, à la Trésorerie générale du département, d'un dossier constitué comme il est dit ci-après :

1° Titre de pension ;

2° Bulletin de décès du pensionné ;

3° Certificat de propriété délivré par le notaire détenteur de la minute, s'il y a eu testament ou tout autre acte translatif de propriété ; s'il n'y a pas testament ou acte de ce genre, le certificat de propriété est établi par le juge de paix, sur l'attestation de deux témoins.

Toutefois, si la somme à rembourser ne dépasse pas 500 fr., le certificat peut être délivré par le Maire.

Par mesure de faveur, lorsque la veuve du pensionné est héritière, et que ses co-héritiers n'ont pas fait opposition au paiement entre ses mains, le dossier à constituer pour obtenir le paiement du prorata d'arrérages doit être simplement constitué comme suit :

1° *Titre de pension;*

2° *Bulletin de mariage des époux;*

3° *Certificat de non séparation de corps et de non divorce.*

On remarquera que POUR LE PAIEMENT DE CES PRORATAS, LES AYANTS DROIT N'ONT RIEN A RÉCLAMER A LA CAISSE AUTONOME; ils n'ont qu'à adresser leur dossier à la Trésorerie générale, sans plus.

ÉTABLISSEMENT DES DOSSIERS

Présentation des demandes de liquidation de pension, d'allocation au décès ou d'orphelins par les ouvriers, leurs veuves ou leurs enfants

Les ouvriers, leurs veuves et leurs enfants qui croient avoir des droits à faire valoir à la Caisse Autonome consulteront, toujours avec profit, nos syndicats locaux. Ils peuvent, en outre, s'adresser, SAUF LORSQU'IL S'AGIT D'UNE DEMANDE DE LIQUIDATION ANTICIPÉE DE PENSION POUR CAUSE D'INVALIDITÉ, à la Mairie de leur domicile, pour connaître exactement de quelle manière ils doivent constituer leur dossier. Les mairies des communes minières ont, en effet, une grande expérience pour la constitution des dossiers, puisque ce sont elles qui ont pris l'habitude de les établir pour leurs administrés depuis de longues années; de plus, la Caisse Autonome met à leur disposition, par l'intermédiaire des Préfectures, les imprimés nécessaires à l'établissement des demandes de pension; chacun trouvera donc, en s'y adressant, tous les renseignements dont il pourrait avoir besoin. Ce n'est qu'au cas où les mairies ne sauraient pas fournir les indications nécessaires que les intéressés devraient s'adresser, soit à l'administrateur ouvrier de la région dont il fait partie, soit directement à la Caisse Autonome, 77, avenue de Ségur, Paris (15e). Dans l'un et l'autre cas, ils devront exposer très exactement et très complètement leur situation, c'est-à-dire, indiquer leur âge, le nombre de leurs années de services dans les mines et ardoisières, les dates des périodes qu'ils ont accomplies, les Compagnies dans lesquelles ces périodes ont été effectuées, et enfin les justifications qu'ils peuvent fournir à l'appui de leurs services. Avec ces précisions, on sera en mesure de leur répondre d'une manière ferme sur le montant de leurs droits, et sur la façon dont ils devront s'y prendre pour les faire valoir; il est donc de tout intérêt qu'ils donnent les renseignements indiqués plus haut, sinon on sera obligé, la plupart du temps, de les demander aux intéressés, d'où échange de correspondance, perte de temps et retard probable dans la liquidation des pensions.

Les demandes de pensions doivent être souscrites sur des formules spéciales répondant dans chaque cas, à la situation particulière de la personne qui fait valoir ses droits. Les différentes formules en usage se distinguent les unes des autres par une lettre; ci-après la liste de ces formules :

FORMULES

Ouvriers ayant accompli 3o ans et plus de services dans les mines ou ardoisières. . . . . **A**

Ouvriers ayant accompli de 15 à 29 années de services dans les mines ou ardoisières. . . . . **B**

Ouvrier n'ayant pas 15 ans de travail à la mine ou à l'ardoisière et n'ayant droit par suite qu'à une rente de la Caisse Autonome et éventuellement à une rente de la Caisse Nationale des retraites pour la Vieillesse. . . **C**

Ouvriers demandant le bénéfice des dispositions relatives à la retraite d'invalidité . . . . **D**

Ouvriers de nationalité étrangère.

Les formules à employer par les ouvriers de nationalité étrangère sont les mêmes que celles indiquées ci-dessus pour les ouvriers français (**A. B** ou **C**) selon le temps de travail dans les mines **françaises.**

Les ouvriers de nationalité belge dont les services sont répartis entre les exploitations des deux pays et auxquels s'applique, par conséquent, l'article 2 de la Convention, emploieront la formule **E** (actuellement no 1 de ladite Convention) . . . . **E**

Veuves d'ouvriers ayant 30 ans et plus de travail à la mine ou à l'ardoisière et décédés pensionnés **après l'âge de 55 ans** . . . . **F**

Veuves d'ouvriers remplissant les conditions de services ci-dessus (**F**) mais décédés **avant l'âge de 55 ans**. . **F bis**

Veuves d'ouvriers ayant de 15 à 29 années de travail dans les mines ou les ardoisières et décédés pensionnés **après l'âge de 55 ans** . . . . **G**

Veuves d'ouvriers remplissant les conditions de services ci-dessus (**G**) mais décédés **avant l'âge de 55 ans**. **G bis**

Demande d'allocations d'orphelins . . . . **H**

Veuves d'ouvriers de nationalité étrangère. — Les formules à employer par les veuves d'ouvriers de nationalité étrangère sont les mêmes que celles qui sont indiquées ci-dessus pour les veuves d'ouvriers français (**F**, **F** bis, **G**, **G** bis) selon le temps de travail de leur mari dans les mines **françaises** et l'âge qu'il avait au moment du décès.

Les veuves d'ouvriers de nationalité belge dont les services sont répartis dans les exploitations des deux pays et auxquels s'applique, par conséquent, le 2ᵉ § de l'article 3 de la Convention, emploieront la formule **i** (actuellement nᵒ 2 de ladite Convention) . . . . . **i**

Demande d'allocation au décès. **j**

Chaque personne doit employer la formule convenable : ainsi un ouvrier comptant dix-sept ans de services devra utiliser la formule du modèle B; une veuve dont le mari est décédé avant l'âge de 55 ans et comptait, au moment de son décès, trente ans au moins de services, devra employer la formule du modèle F *bis;* enfin, une demande d'allocation pour orphelins s'établira sur formule H.

Les formules des demandes des modèles A, B, E, F *bis,* G *bis,* se composent de deux parties :

1ᵒ Sur la première page se trouvent énumérées les pièces qui doivent être jointes au dossier et qui, en réalité, constituent ce dossier; il **est du plus grand intérêt de joindre**

toutes les pièces demandées, afin d'éviter aux services de la Caisse Autonome d'avoir à les réclamer, ce qu'ils ne manqueront pas de faire si quelques-unes de ces pièces font défaut, et ce qui amènera inévitablement des retards dans les liquidations de pension;

2° Sur les deuxième et troisième pages, l'intéressé doit mentionner dans les colonnes réservées à cet effet, les services dont il se réclame, en relatant les exploitations dans lesquelles lesdits services ont été effectués, et en regard, les dates d'entrée et de sortie de ces exploitations; au bas de la troisième page, le demandeur doit signer et faire attention avant de signer, à la mention sous laquelle il met sa signature et par laquelle il indique que le relevé qu'il vient d'établir comporte l'indication de tous les services miniers et ardoisiers qu'il invoque. Cette mention a son importance, puisque par elle l'intéressé indique tous les services dont il se réclame; la liquidation de sa pension pourra donc être opérée en **une seule fois,** et il touchera ainsi du premier coup tout ce à quoi il a droit, économie de temps, donc pour lui comme pour ceux qui sont chargés de liquider sa pension, en même temps que cela évite bien des réclamations pour l'avenir.

Les formules C, F, G, H, I et J ne comportent qu'une énumération de pièces à fournir; il suffit donc de joindre ces pièces à la formule utilisée, sans plus : le dossier se trouve complet ainsi.

Le dossier établi et constitué comme il vient d'être dit, doit être envoyé à la Caisse Autonome, qui en accuse réception dans les trois ou quatre jours de l'arrivée à ladite Caisse. Cet accusé de réception, en forme de carte postale, dont l'image représente la Caisse Autonome, porte un numéro d'enregistrement comportant, d'une part, le dernier chiffre de l'année au cours de laquelle le dossier est reçu à cette Caisse, et d'autre part, le numéro d'enregistrement proprement dit. Ainsi, le 4.330ᵉ dossier arrivé en 1927, est enregistré sous le numéro — 7 — 4.330, c'est ce numéro qui figure sur la carte postale servant d'accusé de réception; **c'est ce numéro qu'il faudra toujours rappeler,** soit lors qu'on adressera une réclamation, soit lorsqu'on répondra à une communication de la Caisse Autonome, *tant qu'on n'aura pas reçu son livret de pension;* C'est, en effet, ce numéro qui permet de retrouver immédiatement les dossiers des personnes dont les pensions ne sont pas encore liquidées.

Enfin, il convient d'ajouter que les liquidations des pensions *demandent normalement trois ou quatre mois;* il convient donc de ne pas s'inquiéter avant que ce laps de temps soit écoulé.

Jusqu'ici et volontairement, les dossiers relatifs aux demandes de liquidation de pension d'invalidité (formule D) ont été laissés de côté; c'est que ces dossiers ne s'établissent pas comme les autres dans les Mairies; ils sont constitués par les Sociétés de Secours, c'est donc à ces Sociétés de Secours que doivent s'adresser les ouvriers qui croient avoir droit à une pension d'invalidité.

Envoi des Livrets de Pension

Dans les trois ou quatre semaines qui suivent la liquidation des pensions, la Caisse Autonome établit les livrets de pension des admis; cette opération terminée, lesdits livrets sont adressés aux Mairies des domiciles des bénéficiaires; ceux-ci sont en même temps prévenus par une carte postale d'avoir à se présenter à la Mairie pour y retirer leurs livrets de pension. Ces cartes postales contiennent des indications précises sur les formalités auxquelles les intéressés doivent se soumettre pour entrer en possession de leurs livrets; ils ont donc intérêt à en prendre connaissance et à s'y conformer strictement pour ne pas être obligés de se déranger plusieurs fois.

Voici les deux modèles de cartes postales utilisées par la Caisse autonome pour prévenir les intéressés :

Premier Modèle

« La Caisse autonome de retraites des ouvriers mineurs a l'honneur de vous informer qu'elle vient d'émettre, à votre nom, un livret de pension qui vous sera remis par le Maire de votre commune, sur présentation de pièces d'identité.

« Vous aurez intérêt à vous munir, en outre, d'une photographie, dont les dimensions ne devront pas dépasser 5 centimètres sur 4. L'apposition de cette photographie vous permettra, en effet, de percevoir les arrérages de votre pension, dont le montant n'excède pas 500 francs par trimestre, sans être astreint à produire un certificat de vie, même si vous ne pouvez ou ne savez signer, sous la seule condition que vous vous présentiez, dans ce dernier cas, au guichet du comptable, accompagné de deux témoins.

« Il vous est, en outre, tout particulièrement recommandé de lire « l'avis aux pensionnés », qui figure en tête de votre livret où vous trouverez toutes indications utiles au sujet du paiement des pensions et des formalités à remplir en cas de changement de résidence, d'épuisement des coupons de votre livret, etc... »

Deuxième Modèle

« La Caisse autonome de retraites des ouvriers mineurs a l'honneur de vous informer qu'elle vient d'émettre, à votre nom, un livret de pension qui vous sera remis par le Maire de votre commune, sur présentation de pièces d'identité.

« SI VOUS SAVEZ ET POUVEZ SIGNER, vous aurez intérêt à vous munir, en outre, d'une photographie, dont les dimensions ne devront pas dépasser 5 centimètres sur 4. L'apposition de cette photographie vous permettra, en effet, de percevoir les arrérages de votre pension, sur la seule présentation de votre livret.

« Si vous ne savez ou ne pouvez signer, *ou si, sachant signer, vous ne présentez pas de photographie, les arrérages de votre pension ne seront payables que sur production d'un certificat de vie établi par le Maire de la commune de votre résidence, au verso du coupon à percevoir.*

« Il vous est, en outre, tout particulièrement recommandé de lire l' « avis aux pensionnés », qui figure en tête de votre livret où vous trouverez toutes indications utiles au sujet du paiement des pensions et des formalités à remplir en cas de changement de résidence, d'épuisement des coupons de votre livret, etc... »

***

En possession de son livret, le pensionné n'a pour toucher les arrérages de sa pension, qu'à se présenter muni dudit livret, à la perception qu'il a choisie, aux dates d'échéances indiquées à la page 2, c'est-à-dire *le 1ᵉʳ mars, le 1ᵉʳ juin, le 1ᵉʳ septembre, le 1ᵉʳ décembre*. Cette page, ainsi que la page 4, contiennent des indications sur ce qu'il convient de faire en cas de CHANGEMENT DE RÉSIDENCE, de PERTE DU LIVRET, de RENOUVELLEMENT DE LIVRET, que les intéressés pourront donc consulter avec fruit, ainsi qu'on les y invite d'ailleurs, au dernier paragraphe des cartes postales dont le libellé est reproduit plus haut.

Voici d'ailleurs quelles sont ces indications :

. . . .

CHANGEMENT DE RÉSIDENCE. — Au cas où le titulaire d'une pension viendrait à changer de résidence, ou à se déplacer pour un certain laps de temps, il lui suffira pour toucher sa pension chez le comptable payeur ou percepteur le plus proche de son nouveau domicile, de signaler ce déplacement au comptable qui assurait le paiement de sa pension.

Il lui indiquera *ses noms, prénoms, le numéro du livret ou du titre de sa pension* et le lieu choisi pour l'encaissement de sa pension.

Perte du livret de pension. — En cas de perte du livret, il peut être pourvu à son remplacement sur la production d'une déclaration spéciale souscrite en présence de deux témoins devant le Maire de la commune où réside le titulaire. Le duplicata est délivré dans le trimestre d'échéance qui suit celui pendant lequel la demande a été formulée. (Décret du 13 juillet 1914, art. 38 et décret du 28 décembre 1886, art. 27.)

Renouvellement du livret. — Tout livret dont les coupons sont épuisés est renvoyé accompagné d'un certificat de vie à la Caisse Autonome pour adjonction de nouvelles feuilles de coupons.

. . . .

Enfin, dès qu'un ouvrier ou une veuve ou un tuteur d'orphelin est en possession de son livret de pension, c'est le numéro de ce livret de pension qu'il y a lieu de rappeler pour toute réclamation ou lettre à adresser à la Caisse Autonome ou au représentant ouvrier (ci-après indiqué).

L'indication de ce numéro permet de retrouver le dossier du réclamant **à coup sûr**, ce qui est très important pour la suite à donner à sa réclamation. Ce numéro de livret se compose de deux éléments.

D'abord une lettre indiquant la catégorie dans laquelle est rangé le pensionné, cette lettre correspondant d'ailleurs très exactement aux lettres indiqués précédemment pour les formules à utiliser lors de la constitution du dossier.

Ensuite le numéro du dossier proprement dit.

Ainsi un ouvrier pensionné pour 36 ans, aura un livret de pension portant, par exemple, le numéro A 4.350. Une veuve d'ouvrier décédé pensionné pour 28 ans aura un livret portant le numéro G 4.320. Ce sont ces lettres et numéros que l'ouvrier ou la veuve *pensionnés* doivent rappeler lorsqu'ils écrivent à la Caisse Autonome.

PARTICULARITÉS

Pension d'Invalidité

Pendant les cinq premières années de son admission à l'allocation d'invalidité, le bénéficiaire ne reçoit pas de livret de pension, son allocation lui est payée par la Caisse de Secours, à laquelle il était affiliée en dernier lieu. Ce n'est qu'à l'expiration de ces cinq années, qu'il est mis, si son invalidité est reconnue définitive, en possession d'un livret de pension, suivant les formalités ci-dessus indiquées.

Allocation au Décès

L'allocation au décès étant un secours non renouvelable, payé une fois pour toutes, il n'est pas établi de livret de pension, mais un simple bon; la veuve intéressée ou le tuteur sont avertis que ce bon est à leur disposition chez le percepteur par une lettre d'avis qui leur est adressée par la Caisse Autonome et qui leur est remise par l'intermédiaire de la mairie de leur domicile, ils doivent se présenter chez le percepteur pour retirer leur bon, *munis de la lettre d'avis* dont il vient d'être question et de pièces constatant leur identité.

Remboursement de Capitaux

Les ayants droit sont avertis par lettre d'avis qui leur est adressée directement par la Caisse Autonome. Ils n'ont, pour toucher, qu'à se présenter au percepteur, muni de cette lettre d'avis, et de pièces constatant leur identité.

OBSERVATIONS

En cas de réclamation à formuler, les syndiqués sont invités *à s'adresser par l'intermédiaire de leur syndical local, à nos administrateurs ouvriers à la Caisse Autonome de Retraites des Mineurs* qui sont les mandataires de la Fédération Nationale du Sous-Sol. Ces camarades examineront le bien fondé de ces réclamations, au cours de la réunion mensuelle à Paris du Conseil d'administration et *transmettront aussitôt aux syndicats intéressés seulement,* le résultat de leurs recherches et des solutions obtenues.

Les syndicats ont donc pour devoir de s'entretenir directement avec l'administrateur ouvrier de leur Section, des intérêts et des réclamations de leurs affiliés.

Nos représentants à la Caisse Autonome sont :

1° SECTION (titulaires).

Arrondissement minéralogique d'Arras : le camarade MAILLY Henri, maison syndicale, rue Casimir-Beugent, à Lens (Pas-de-Calais).

Arrondissement minéralogique de Douai : le camarade LANSELLE Charles, à Dorignies-les-Douai (Nord).

2° SECTION

Arrondissements minéralogiques de Nantes, Versailles et Nancy : le camarade THÉVENET Philibert, 53, rue Carnot, à Montceau-les-Mines (S.-et-L.).

Arrondissements minéralogiques de Lyon et Saint-Etienne : le camarade BRIOUDE Antoine, maire de Firminy (Loire).

3° SECTION

Arrondissements minéralogiques de Clermont-Ferrand et Bordeaux : le camarade GOMOT Alphonse, à Châtillon, **par** Noyant (Allier).

Arrondissements minéralogiques de Marseille, Alais et Toulouse : le camarade DUCROS Adrien, à Rochessadoule, **par** Robiac (Gard).

Notre Fédération est également représentée à la Caisse Autonome *par trois administrateurs suppléants :*

Ce sont :

Pour la 1ʳᵉ section : ROSSY Eugène, 52, rue de Lille, Denain (Nord);

Pour la 2ᵉ section : DUMONT Louis, cité Tary-Montféré, Bâtiment H, Saint-Etienne (Loire).

Pour la 3ᵉ section : OUSTRY Paul, à la Pélonie, par Cransac (Aveyron).

LE BUREAU FÉDÉRAL
LES ADMINISTRATEURS OUVRIERS
A LA CAISSE AUTONOME

IMP. « LA GUTENBERG »
18, AVENUE DE PARIS
VERSAILLES

www.ingramcontent.com/pod-product-compliance
Lightning Source LLC
LaVergne TN
LVHW020104070726
842525LV00018B/1752